소리·스물넷

산냐[想]에서 빤냐般若로

- 범부의 세계에서 지혜의 세계로 -

말한이 활 성 ㅣ 엮은이 김 용 호

고요한소리

일러두기

이 책은 활성 스님께서 2001년 4월 28일 참여연대 강당, 2004년 10월 16일 남원 역경원에서 하신 말씀을 중심으로 김용호 박사가 엮어 정리하였다. 본문에 인용된 경은 PTS본을 저본으로 하였다.

차 례

산냐란?

오온五蘊과 오취온五取蘊

요새 서양 사람들이 불교의 정밀한 체계에 감탄들하면서 맹렬하게 공부하기 시작했지요. 그런데 정작 1800여 년 동안 불교를 접해왔다는 우리는 부처님 근본 가르침에는 별로 관심도 없고 또 부처님 가르침이 얼마나 합리적이며 체계적이고 수승한지 잘 알지 못합니다. 사실 불교를 잘 안다고들 생각하지만 막상 부처님 근본 가르침이 무엇인지 잘 알지 못하지요. 왜? 그동안 부처님 원음을 접할 기회가 별로 없었으니까요. 뿐만 아니라 우리들 관심이 불교를 신앙의 대상으로만

대하는 경향이 주를 이루었기 때문일 것입니다. 그러다 보니 불법의 근본적인 핵심을 간과하게 되었지요. 〈고요한소리〉 사정만 보더라도 불교에 관해 서양 사람들이 한 이야기를 번역하여 읽고 있으니 참 아이러니한 이야기입니다. 불교 역사가 1800여 년이나 되는 이 땅에서 불교를 접한 지 몇백 년 안 되는 사람들의 책을 애써 번역하고 있는 게 현실입니다.

하지만 〈고요한소리〉는 나름대로 겨냥하는 바가 있습니다. 서양 사람들이 불교를 이해하는 태도도 파악하고, 우리가 이해한 것과 비교하면서 새로운 불교 이해의 지평을 열어나가겠다는 것입니다. 그런 점에서 문화 간 접촉으로 이루어지는 창조적인 불꽃도 감지가 됩니다. 〈고요한소리〉는 궁극적으로 불교의 기본적인 취지와 가치를 밝혀내어 세계인들에게 알려야 한다는 생각입니다. 그러려면 동서양이 큰 협동을 이루어야 새로운 관점에서 크고 넓게 불교를 볼 수 있게 되지 않겠습니까. 그러기 위해서는 반드시 새 아비담마 *Abhidhamma*, 즉 동서양의 가치관과 소망이 녹아든 이 시대의 아비담마가 요청됩니다. 이 시대의 언어와 사고로 부처님 원음을 풀어냄으로써 불교의 면모를 일신하면 이 새로운 불교를 통해 인류가 당면한 시대적 도전을 극복하고 사람다운 사람의 길을 갈 수 있게 되리라고 생각하기 때문입니다. 그런 과제를 감당하기 위해서도 서구의 불교 인식 태도를 면밀히 살펴볼 필요가 있는 것입니다.

지금까지 우리 나름으로 이해하게 된 서구식 관점에 입각해서 보면, 인간은 영육靈肉으로 이루어져 한 세상 살다가 어딘가로 떠나가는 독립적 존재체이고,

이 세상은 그 인간들의 투쟁 대상이자 정복의 대상입니다. 이 세상은 싸워야 할 대상이요, 지배해야 할 대상이요, 내 뜻대로 통제해야 할 대상이라는 게 서구적 인간관이고 세계관이 아닐까요? 그래서 그들은 발 닿는 곳마다 닥치는 대로 정복하고 자신의 지배권을 확립하여 오늘날처럼 힘센 나라들을 이루었지요. 그들은 누구도 거스를 수 없을 만큼 온 지구를 지배하는 막강한 힘을 키웠습니다. 비서구권의 전통 국가, 예를 들면 일본, 중국, 인도 같은 나라들도 서구적 인간관과 세계관에 편입되어 그 일환을 이루고 있는 건 우리 모두 느끼는 바이지요.

또한 서양인들은 자기중심적인 면이 강해서 마주치는 것은 무엇이든지 주로 이용 가치 면에 치중하여 밝히고 그걸 더 확대하는 쪽으로 자꾸 치달아가지요. 그런 자세를 불교에서는 어떻게 보아야 할까요? 불자들이 볼 때, 그런 자세는 인간고人間苦를 확대 재생산하는 행위로 비칠 수밖에 없습니다. 선업善業이건 악업惡業이건 업業을 부지런히 짓고 있는 겁니다. 그러면서 한편 서양인들이 지식을 열심히 넓히는 면이 있는데 그건 인간의 진화 발전에 도움이 되는 것이 아닌가 하고 생각할 수도 있겠지요. 하지만 문제는 그들의 자기중심적 태도에 있습니다. 인간이 자기중심적이면 자연히 이기적 태도가 강화되지 않겠습니까? 이기적 자세로는 알면 알수록 지배욕이 그만큼 커지겠지요. 그러면 결국 지구촌은 인간 세계가 아니라 아수라 세계로 변모하게 되지 않겠습니까?

그럼, 불교의 인간관은 어떨까요? 부처님은 인간을 '오온가합五蘊假合'이라고 하셨습니다. 불교의 인간관입니다. 여러분이 잘 알다시피 부처님은 인간이 색色, 수受, 상想, 행行, 식識, 오온五蘊으로 구성되어 있고, 이 오온은 집착 때문에 오취온五取蘊이 되고, 오취온 때문에 인간은 고존苦存이 된다고 하셨습니다. 즉 오온에 머물지 않고 오취온이 되어버리면, 인간은 고해苦海를 사는 존재가 된다는 말씀입니다. 요컨대 집착을 멸한 아라한은 오온인데 반해 범부는 오취온인 것입니다.

그런데 왜 오온일까요? 오온, 그것 참 쉽게 이해되는 말이 아닙니다. 왜 굳이 색·수·상·행·식, 오온을 말씀하신 걸까요? 가뜩이나 어려운데 좀 줄여서 색·행·식, 삼온이라고 하면 안 되는 걸까요? 십이연기十二緣起[1]에서는 행-식-명색名色의 순이고, 9연기[2]에서는 식에 연緣하여 명색이 있고 명색에 연하여 식이 있다고 했지요. 부처님이 오온을 말씀하시면서는 몸을 가리키는 말로 신身 *kāya*이라고 하지 않고, 색色 *rūpa*이라고 하셨지요. 그런데 왜 오온에서는 명색 대신에 색만 언급하고는 명의 자리에 수·상·행·식을 거론하시는 것일까요?

명名은 한역 아함경에서는 수·상·행·식이라고 설명하고 또 빠알리*Pāli* 경에서는 수受, 상想, 사思, 촉觸, 작의作意[3] 라고도 합니다. 여기서 수와 상을 별도로 세운 것은 매우 중요한 의미가 있다고 봅니다. 오온이 인간

---

1 십이연기十二緣起: 무명無明-행行-식識-명색名色-육입六入-촉觸-수受-애愛-취取-유有-생生-노사老死,《상응부》12〈인연 상윳따*Nidāna Saṃyutta*〉1경〈연기경*Paṭiccasamuppāda Sutta*〉참조.

2 9연기:《장부》15경〈대인연경 *Mahānidāna Sutta*〉, 2권 56쪽 참조.

3 "수, 상, 사, 촉, 작의를 명이라고 한다. *Vedanā saññā cetanā phasso manasikāro, idaṃ vuccati nāmaṃ*."《상응부》〈분석경*Vibhaṅga Sutta*〉, 2권 3쪽 ;《중부》9경〈바른 견해 경*Sammādiṭṭhi Sutta*〉, 1권 53쪽 참조.

이라면 그 인간에 있어서 가장 중요한 면이 무엇이겠습니까. 지혜와 자비의 두 특성이 있어 인간이 뭇 생류生類와 구분되는 것 아니겠습니까? 이 특성이 오온 안에 갈무리되어야 오온이 비로소 인간에 대한 설명이 되겠지요. 따라서 부처님이 수와 상을 별도로 세우신 이유는 인간 존재를 지혜와 자비의 측면에서 파악하신 것이라 보고 싶습니다. 지혜와 자비는 향상의 결과물인 만큼 이 향상을 좌우하는 열쇠이자 관건이 수와 상이라고 보신 겁니다. 요는 인간이 향상하거나 퇴보하는 것은 수와 상에 달려있다는 말입니다.

생각건대, 존재를 크게 분류하면 식물·동물·인간으로 나눌 수 있겠는데, 이를 색·수·상·행·식, 제온諸蘊과 연관시키면 인간이 색·수·상·행·식인데 비해 식물은 색과 식, 동물은 색·행·식이 되겠지요. 인간도 동물에

속하지만 명백히 차이가 있으니까 그 차이를 드러내려면 제행[一切有爲法]에서 수와 상을 별도로 가려내어 온의 지위를 부여하여 다른 온들과 같은 비중으로 나란히 세우는 길이 있을 것 같습니다. 인간이 동물보다 발달한 부분이 뇌인 바, 우리가 항용 좌뇌·우뇌를 거론하지 않습니까. 그때 좌뇌는 주로 이성, 우뇌는 감성과 연관된다고 하는데, 이 말은 좌뇌는 상想, 우뇌는 수受와 연관된다는 뜻이 되겠지요. 인간의 향상과 퇴보를 좌우하는 것이 이성과 감성의 작용에 의한 것으로 보는 것이 무리가 아니라면 수와 상은 인간의 발전과 퇴보의 관건이라고 보겠습니다. 이처럼 오온이 향상 분상의 인간을 파악한 것일진대 수와 상은 오온 중에서도 특히 중요한 기능이라 하겠습니다. 여기서 한 번 더 살펴 볼 일이, 오온은 수와 상을 포함함으로써 인간에 대한 단순한 생물학적 설명에 그치지 않고 도덕적 향상체로서의 인간에 대한 설명이 된다는 것입니다.

그러면 부처님은 왜 오온의 순서를 색色에서 시작해서 수, 그다음에 상, 그다음에 행 그리고 식의 순으로 말씀하셨을까요? 부처님이 오온을 이 순서로 말씀하실 때는 거기에도 깊고 깊은 뜻이 있으리라고 봅니다. 오늘은 그 중에서 상想을 생각해 보고자 합니다. 지혜와 자비 중 특히 지혜를 중심으로 인간을 파악하려면 상을 제대로 알아야 할 테니까요.

상은 빠알리어로 산냐saññā입니다.[4] 색-수-상-행-식, 오온 중에 상, 즉 산냐가 딱 한가운데 위치합니다.

---

4 이 글에서는 편의상 상想과 산냐saññā, 혜慧와 반냐paññā[般若] 등 한글, 한문, 빠알리어를 경우에 따라 병용하였음.

그렇게 한가운데 자리잡고서는 상이 오온을 오취온으로 만들어 버리는 데 중심 역할을 하고 있다고 보여집니다. 경의 구성을 보면 보통 제일 첫머리에 가장 중요한 의미가 담겨서 첫머리가 전체를 규정하는 경우도 있고, 오히려 제일 끝이 그런 역할을 할 때도 있습니다. 그리고 비슷한 비중들로 열거할 때는 가운데에 중점을 두기도 합니다. 오온의 경우, 색·수·상·행·식은 동종의 무리이기 때문에 가운데에 중점이 있고, 그럴 경우 상, 산냐가 오온의 중심 개념이 될 수 있다는 뜻입니다.

부처님은 산냐를 신기루에 비유하십니다.[5] 헛것 보

---

5 오온五蘊: 색色 *rūpa* - 수포水泡, 수受 *Vedanā* - 기포氣泡, 상想 *saññā* - 신기루, 행行 *saṅkhāra* - 심재心材가 없는 나무(예: 바나나 나무), 식識 *viññāṇa* - 마술.《상응부》22〈칸다 상응*Khandha Saṃyutta*〉95경〈수포 경*Pheṇa sutta*〉참조.

는 것이 산냐, 상想입니다. 부처님이 '인간은 오온'이라고 하신 말씀을 산냐 중심으로 이해하면, 인간은 헛것 보는 존재라는 겁니다. 헛것을 보고, 헛것을 만드느라고 몸과 마음이 그토록 바쁘고 고달프고 분주합니다. 그것이 인간입니다. 오온이라는 말에는 그런 인간 이해가 담겨있습니다. 말하자면 인간은 '상 놀음'하는 존재라는 것입니다.

빠알리 경전을 자세히 들여다보면 부처님의 오온론五蘊論이 산냐에 초점을 두고 있지 않는가 생각될 정도입니다. 그만큼 산냐를 이해하는 문제는 매우 미묘하면서도 중차대하여 간단히 생각하고 넘길 일은 아닙니다. 특히 《숫따니빠아따Suttanipāta》 같은 초기 경의 경우 더욱 그렇습니다. 산냐에 대한 인식이 바르지 않고서는 《숫따니빠아따》를 이해하기 어렵습니다. 실제로 빠알리 경의 특색은 산냐 문제를 어떻게 풀어나가느냐에 초점을 맞추고 있다고 볼 수도 있습니다. 이렇듯 부처님이 산냐 문제를 중시하신 만큼 우리가 산냐를 이해해보려 시도하는 일 역시 대단히 중요한 의미를 띌 것입니다.

그런데 십이연기를 보면 산냐라는 항목은 없습니다. 그것은 산냐가 중요하지 않아서가 아니라, 오히려 그 반대이기 때문이라고 생각됩니다. 산냐를 연기의 열두 가지 항목 중 하나의 항목으로 치부해 버리면, 산냐의 그 광범위한 영향력이 축소되어 버릴 수 있기 때문입니다. 그래서 십이연기에 산냐라는 항목은 없을지라도 십이연기는 본원적으로 산냐를 겨냥하고 있다고 볼 수 있습니다. 요컨대 불교의 인간 이해에서 산냐가 핵심 위치를 차지하고 있는 만큼 산냐를 제대로 인식해야 불법을 바르게 이해하고 실천할 수 있을 것입니다.

산냐란?

그럼 산냐란 무엇일까? 산냐의 의미를 제대로 알기가 어려운 만큼 산냐를 우리말로 번역하기도 어렵습니다. 예를 들면 《금강경》에 산냐를 가리키는 말로 '아상我相, 인상人相, 중생상衆生相, 수자상壽者相'이 있습니다. 사족이 되겠지만 일반적으로 산냐를 한문으로 번역할 때 '생각 상想' 자로 쓰는데, 구마라습鳩摩羅什 Kumārajīva(344~413)의 《금강경》 번역에는 '마음 심心' 받침을 빼고, '서로 상相' 자로 썼습니다. 이건 또 왜 그랬을까요?

여기에 대해 설이 분분합니다만, 구마라습이 중국인들의 의식구조와 사고방식에 접근하기 위한 일종의 방편으로 산냐를 그렇게 번역한 것이 아닐까 추측해봅니다. 산냐 자체를 본격적으로 이야기하기보다는 산냐에 의해서 인식되는 '나, 사람, 중생, 수자'처럼 그 대상을 먼저 부각시켜서 사람들이 쉽게 알아듣도록 한 것이 아닐까 하는 생각도 듭니다. 산냐야말로 부처님이 특별히 깊이 있게 다루신 과제인데, 이런 개념을 접해 보지 못한 문화권에선 생소하고 난해할 테니까요.

산냐를 영어로는 '지각perception'[6] 또는 '통각apperception'[7] 이라고 번역합니다. 지각이라고 하면,

---

6 지각知覺: ① 감각기관을 통하여 외부의 사물을 인식하는 작용 또는 그 작용에 의해 머릿속에 떠오른 것, ② 사물의 이치를 분별하는 능력, ③ 느끼어 앎, 깨달음.《새국어사전》이기문 감수 참조.

7 통각統覺: ① 새로 생긴 표상을 이미 존재하는 표상에 유화類化·융합하는 작용, ② 어떤 사물에 대해 알고자 할 때 의식의 중심부에 그 대상을 뚜렷이 포착하는 의지의 작용, ③ 온갖 경험의 인식·사유하는 통일과정을 통틀어 이르는 말.《새국어사전》이기문 감수 참조.

산냐를 너무 순수한 인지 작용으로 보는 것입니다. 지각이란 가치 개입이 배제된 용어로서 객관적이고 몰가치적이며 과학적인 냄새가 매우 진합니다. 이처럼 지각이라는 말은 산냐와 안 맞는 면이 있으므로 최근에는 심리학 전문 용어인 '통각'이란 용어를 쓰기도 합니다. 통각이란 '과거 경험에 비추어 새 경험을 인지하는 과정'을 말합니다.

사실 산냐는 매우 주관적인 인식 작용입니다. 산냐는 경험에 비추어 인식하는 측면이 두드러지는데 반해 지각이라는 말에는 그런 뜻이 약하지요. 아무튼 산냐를 지각으로 번역해 버리면 부처님 가르침의 핵심 요소들을 다 담아내기가 어렵습니다. 따라서 부처님이 말씀하시는 산냐의 의미를 제대로 알기 어렵게 됩니다. 통각이 훨씬 더 가까워 보이기는 한데 문제는 이

통각이 잘 쓰이지 않는 심리학의 전문적 용어라 일반
적으로 이해하기 어렵게 느껴진다는 점입니다.

한문으로 산냐를 '생각 상想'이라고 번역한 것은 순
수 인지 작용을 뜻하는 지각보다는 좋은 번역으로 보
입니다. 그러면 우리말로는 산냐를 뭐라고 번역해야
할 것인가? 〈고요한소리〉 책에서는 잠정적으로 '인식' [8]
이라는 번역을 써보았습니다. 지각이라는 용어보다는
인식이 훨씬 낫다는 생각 때문입니다. 하지만 철학 사
전이나 심리학 사전을 보면 인식이라는 말이 우리가
찾는 개념과 또 차이가 있어서 아직까지 적절한 용어
를 찾고 있습니다. 오늘은 '산냐'라는 빠알리어를 그대

---

8 인식認識: ① 사물을 깨달아 아는 일, ② 사물의 의의를 바르게 이
   해하고 판별하는 마음의 작용. 《새국어사전》 이기문 감수 참조.

로 쓰고, 경우에 따라 한역 '상想'을 함께 쓰겠습니다.

빠알리어 산냐saññā는 즈냐jñā라는 어근에 쌍saṃ이란 접두어가 붙어 만들어진 단어입니다. 어원으로 따지면 즈냐jñā는 안다는 뜻입니다. 쌍saṃ은 '합한다, 모인다, 어울린다'는 뜻의 접두사입니다. '여러 것들이 모인, 함께 서로 어울려서 작용하는, 어울리는 관계가 대단히 긴밀한' 등의 의미를 표시하는 것이 쌍saṃ입니다. 따라서 산냐는 '여러 요소가 함께 뒤섞인 앎'이라는 뜻이 됩니다.

이미 말했듯 산냐를 순수 지각보다 관념을 통해 아는 앎으로 이해한다면, 이는 공동체적 관습에서 생겨난 통념을 통해 대상을 헤아리는 것이라는 얘기가 됩니다. 그것은 과거의 경험을 통해 배운 앎, 일종의 '사회적 앎'입니다. '있는 그대로' 객관적으로 보는 것이 아니라 자신의 경험을 동원하여 그것에 비추어서 아는 것이니 경험적, 사회적, 역사적 앎이라 볼 수 있습니다.

우리가 무엇을 알 때, 사실 '있는 그대로' 알기가 참으로 어렵습니다. 예를 들면 아기는 탁자 위의 물건이 그릇인지 뭔지 모르지요. 그러다가 '이건 그릇이야'라는 말을 듣고 '그릇'이라는 말을 배우고 그리고 사용하게 됩니다. 이렇듯 중생은 누구나 무얼 알고 인식할때, 자기 깜냥껏 배운 대로 겪은 대로 과거의 경험을 총동원해서 아는 겁니다. 이는 달리 보면 산냐는 '이름'으로 아는 것입니다. 실제 내용이나 실상을 '있는 그대로' 아는 게 아니라 기억된 이름을 통해 아는 겁니다. 산냐로 아는 것은 그야말로 가장 낮은 단계의 지혜입니다. 반면 사물의 속성을 꿰뚫어서 그 본질을 알고, '있는 그대로' 본다면 그것은 참 지혜가 될 것입니다.

　인간이 어떤 것을 안다는 것 그리고 인간의 앎의 기능이 중요한 위치를 차지한다는 것은 의미심장합니다. 인간이 만물의 영장이라고 하는 것은 무엇보다 인간이 '앎'이라는 대단히 특별한 능력을 지녔다는 것을 높이 평가하는 말입니다. 모든 앎은 지혜의 종자입니다. 앎, 냐아나*ñāṇa*에 여러 접두어가 붙어 다양한 단어가 만들어집니다. 윈냐아나*viññāṇa*[識], 빤냐*paññā*[慧], 아빈냐*abhiññā*[證智], 빠린냐*pariññā*[遍知], 안냐*aññā*[究竟智] 등등. 이런 단어들이 각기 매우 중요한 역할을 하면서 부처님 법法의 체계를 이룹니다. 불교의 정밀하고 치밀한 짜임새가 이 말들에서도 잘 묻어납니다.

이처럼 부처님은 인간의 '앎'을 기능별로 수준별로 엄밀하게 구분하여 가르쳐주셨습니다. 수행자들이 앎의 문제를 뭉뚱그려 넘기지 않고 집요하게 분석하고 파고들어 앎을 체계적으로 이해하도록 시설하신 겁니다. 이처럼 부처님이 인간의 인식 틀에 대해 매우 정치精緻하게 체계적으로 시설하셨으므로 불교는 '앎에 대한 가르침 체계'라고 할 수도 있겠습니다. 또한 불교가 '지혜의 학學'이라 불리기도 하는 소이所以입니다.

다시 다른 측면에서 산냐를 봅시다. 경에 보면 십이연기에 육처六處가 나옵니다. 육처에는 육내처가 있고 육외처가 있습니다. 안·이·비·설·신·의眼耳鼻舌身意는 육내처요, 색·성·향·미·촉·법色聲香味觸法은 육외처입니다. 이 육처는 '상과 식이 노는 마당[處]'이어서 십이연기에서 차지하는 비중도 매우 큽니다.

다시 말해 육외처, 즉 어떤 세계dhātu를 바깥 경계로 인식하는 것이 상, 산냐입니다. 바깥 경계란 내가 아닌, '나'와 상대가 되는 어떤 세계를 의미합니다. 그 세계는 '나'와 다른 것으로 '나'와 합일되는 일은 없이 바깥에 존재한다는 겁니다. 이게 참 중요한 이야기가 될 것 같습니다. 산냐는 어디까지나 바깥 세계에 대한 인식입니다. 무엇을 바깥에 실재하는 것으로 생각하고 이를 객관적 대상체로 굳혀 놓는 작용, 이것이 산냐라는 겁니다. 예를 들면 '저기에 그릇이라 불리는 것이 하나 있다'는 것을 알지요. 어디까지나 대상을 '나'와는 다른 객체로서 아는 것, 그렇게 아는 것이 산냐입니다. 이처럼 산냐는 무엇이든 그것을 항상 바깥화[外在化]해서 객관적 대상으로 만드니까, '나'와의 합일이라는 사건은 일어나지 않습니다. 인간의 의식 중에서 가장 소외지향성疏外指向性의 지知로서 산냐가 있는 겁니다. 이에 반해 바깥 경계가 사라져 '나'와 객체가 구분 없이 합일되는 지혜, 빤냐의 경지도 있습니다.

마침 논서論書들에 산냐와 윈냐아나와 빤냐를 대비하여 설명하는 적절한 비유가 나옵니다. '산냐는 어린애요, 윈냐아나는 나이 든 마을 사람이요, 빤냐는 숙련된 전문가다'[9]라고. 인간은 산냐 단계에서 윈냐아나 단계로 성숙해 나아갑니다. 윈냐아나는 개개인이 대상을 인식하는 것, 즉 개체적인 인식입니다. 말하자면 '우리'가 공통으로 아는 것은 산냐이고, '내'가 개별적으로 아는 것은 윈냐아나이지요. 이렇게 보면 공동체적 산냐로부터 개체적 윈냐아나로 성장해나가는 것이 됩

---

9 《논장Abhidhammapiṭaka》 중 《법집론Dhammasaṅgaṇi》, 주 7, 주 17 ; 《청정도론Visuddhimagga》, 437쪽 참고.

니다. 그런데 산냐에서 윈냐아나로 나아가면 그 윈냐아나의 소식은 어떠한가. 비근한 예로 요즘 소위 선진문화라는 것이 바로 윈냐아나 중심의 문화입니다. 윈냐아나로 가는 게 잘 사는 것이고 선진화라고 여기고있지만 이기주의와 개인주의가 주도함으로써 극단으로 흐르게 됩니다.

요컨대 산냐와 윈냐아나, 이 둘을 넘어 빤냐로 방향을 잡아야 하는 겁니다. 산냐에서 빤냐로 향상하도록 하는 것, 이것이 불법이 수행하는 역할이라 하겠습니다.

산냐와 빠빤짜[戱論]

여러분, 산냐의 한자어 '상想' 자가 들어간 단어들을 한 번 생각해 보십시오. 감상感想, 추상追想, 추상推想, 환상幻想, 회상回想, 공상空想, 망상妄想, 몽상夢想, 상상想像 등 거의 모두가 다 자기 취향대로 헛것 만드는 작업을 하는 것입니다. '종교'라든가 '과학'이라든가 무엇이든 어떤 명칭을 붙이기만 하면, 그 순간부터 우리는 상, 산냐에 의해 또 헛것을 만들기 시작합니다. 요는 헛것이 있어서 헛것을 보는 것이 아니라, 상을 통해 자기가 헛것을 만들어서 보는 겁니다. 부처님은 인간이 무명에 덮여 헛것이나 만드는 그런 멍텅구리 짓을 한다는 것을 통렬하게 지적하신 겁니다. 그리고는 인간의 가장 심각한 병통인 산냐라는 극단 취향의 놀음을 벗어나도록 중도, 즉 팔정도八正道를 시설하셨습니다.

그런데 바로 산냐 때문에, 심지어 산냐를 벗어나는 길인 팔정도마저 '팔정도, 팔정도'하고 읊어대면 그 또한 신비의 베일을 쓰고 나타나기 십상입니다. 그 때문에 무슨 말 한마디 하기조차 두려워집니다. 처음에야 순수한 뜻에서 팔정도 공부를 시작하겠지만 어느덧 신비화하고 성화하여 성역을 만들어 버리면, 신성불가침이 되어 그 앞에 가서 넙죽넙죽 절하는 꼴이 되어 버린다는 말입니다. 그러니 무엇이든 알면 아는 그 순간부터 우리가 무슨 짓을 하고 있는지 반드시 돌아봐야 합니다. 산냐 놀음으로 또 헛것을 만들고 있는 건 아닌지 돌아봐야 한다는 말이지요.

이 산냐 놀음이 한두 사람의 개인적인 행태가 아니라는 사실이 심각한 문제입니다. 그것은 산냐, 즉 상이 오온 속에 구조적으로 장치되어 있기 때문입니다. 앞서 보았듯이 우리는 색·수·상·행·식, 오온가합五蘊假合으로 이루어진 존재인데 그 중에 상이 오온 한가운데 있어서 오온이 각각 작용할 때 상이 그것들과 일일이 결합되어 함께 기능합니다. 가령 수, 행, 식은 거의 언제나 수와 상, 행과 상, 식과 상으로 짝이 되어 함께 작동하는 경우가 일반적이라는 말입니다. 오온이 그렇게 상 중심으로 시설되어 있기 때문에 우리는 상 놀음을 좀체 그칠 수가 없습니다. 정신 똑똑히 차리지 않으면 상 놀음, 그 짓을 자꾸 되풀이하게끔 되어있습니다. 우리가 얼마나 터무니없이 상 놀음을 계속하고 있는지, 여러분도 지금 느끼는 바가 있을 겁니다. 따라서 우리가 조금 정신 차린다고 해서 졸연히 고쳐지지 않습니다. 이때 '정신 차려라'는 말은 '상 놀음하는 것을 똑똑히 지켜봐라' 하는 말로 바꿀 수 있겠습니다.

빠알리어에 빠빤짜*papañca*라는 말이 있습니다. 이걸 중국에서는 '희론戱論, 망상'이라고 번역했지요. '쓸모 없는 논란, 말장난'이라는 뜻입니다. 인간은 상想, 산냐 중심으로 돌아가는 존재이기 때문에 말장난을 일삼기 마련입니다. 자칫 우리는 한평생 헛질 놀음하고 말장난하며 살다 가버립니다.

말이란 입 바깥으로 내는 것만이 아니라, 밖으로 표현을 안 해도 계속 진행되는 생각의 과정마저 포함합니다. 경에 보면 '구행口行은 심사尋伺'라고 했습니다.[10] '찾을 심尋, 엿볼 사伺'인데, 빠알리어 '위딱까 위짜아라*vitakka vicāra*'의 번역어입니다. '위딱까 위짜아라'는 '생각'과 관련된 용어들입니다. 우리 생각이 진행되려면 처음에는 생각할 거리를 찾지 않습니까? 무언가 아이디어가 떠올라야 생각을 하게 되거든요. 어떤 주제가 잡혀야 하지요. 그게 '위딱까'이고, 그걸 붙잡고 계속 조사 숙고하는 것, 즉 생각을 늘리고 진행하는 게 '위짜아라'인 셈입니다. 그래서 위딱까 위짜아라는 '생각 과정'입니다.

경에서도 '구행口行은 위딱까 위짜아라'라 했으니, 구口는 입이고 구행은 말이라야 되지요. 그러나 위딱까 위짜아라는 생각 과정을 이야기하는 것이니만큼 아직 말로 표현 안 된 부분도 포함하지요. 이 말은, 우리가 밖으로 표현을 안 해도 생각이 진행될 때는 구행

---

10 "세 가지 행이 지멸한다. 어떤 행이 지멸했는가? 제2선에 입정했을 때 심사, 구행이 지멸된다….
Tayo ca saṅkhārānaṃ paṭippassaddhiyāti katamesaṃ tiṇṇannaṃ saṅkhārānaṃ paṭippassaddhiyā: dutiyajjhānaṃ samāpannassa vitakkavicārā vacīsaṅkhārā paṭippassaddhā honti …."
《소부》 중 《무애해도Paṭisambhidāmagga》, 99쪽.

을 짓고 있다는 뜻입니다. 즉 말이라는 것은 생각이 밖으로 드러나는 한 모습일 뿐입니다. 비록 입 밖으로 안 나오더라도 우리는 끊임없이 생각을 하고 있습니다. 그러니까 구행을 계속하고 있다는 말입니다.

결국 한 생 내내 잠시도 쉬지 않고 꿈속에서까지도 구행을 하고 있는 겁니다. 그 구행의 내용이 무엇이겠습니까? 우리가 사람 허울을 쓰고 살면서 무엇을 행하고 있는 것인가요? 신身·구口·심心으로 끝없는 행을 하고 있는 겁니다. 그런 현상을 빠빤짜라고 부른다는 말입니다.[11]

---

11 《장부》 21경 〈제석문 경Sakkapañha Sutta〉, 2권 276~277쪽.

경우에 따라서는 마음속에서 구행을 하다가 마는가 하면, 그걸 입 밖으로 내서 구업口業을 만들어 버리기도 합니다. 행行과 업業은 다릅니다. 입 밖에 내어서 의도적으로 말을 할 때는 구업이 됩니다. 한번 뱉은 말은 나와 남에게 전달돼 버려서 회수불능이니까 구업의 영향력은 결정적입니다. 그러나 구업이든 구행이든 산냐 놀음에 치중하고 있다는 점에서는 똑같습니다. 신身·구口·심心, 삼행三行이나 신身·구口·의意, 삼업三業이나 그 모두가 다름 아닌 산냐 놀음이요, 빠빤짜인 것입니다. 우리는 그렇게 살다가 갑니다.

이처럼 사바세계의 중생은 무명에 덮여 모두가 산냐 놀음에서 벗어나지 못합니다. 부처님 가르침의 기저에는 '인간은 산냐적 인식을 하는 존재'라는 전제가 깔려 있습니다. 그래서 불교의 핵심 과제는 어떻게 하면 산냐로 인한 공동체적이고 관념적인 인식에서 탈피하여 '있는 그대로'의 진실을 볼 수 있는 지혜를 키울 것인가 하는 것입니다.

그런데 산냐 놀음에서 헤어나려 할 때 우리는 십중팔구 한계에 부딪히게 됩니다. 그 이유는 산냐가 무엇인지 사람들이 알기 어렵기 때문입니다. 뿐만 아니라 일부 대승 경전에서 보듯이 산냐를 넘어 그 이상의 지혜에 대해서는 더 깊이 구체적으로 들어가지 않고 '반야[智慧]'라는 하나의 단어로 뭉뚱그려 일반화해 버립니다. 따라서 산냐를 극복하는 일도 지혜를 증장시키는 일도 어렵게 됩니다. 하지만 길은 있습니다. 부처님이 '계에서 정定이 나오고 정에서 혜慧가 나온다'[12]고 가닥을 분명히 잡아주신 겁니다. 여기서 정이란 팔정도의 마지막 항목인 바른 집중, 정정正定을 말합니다.

그런 만큼 팔정도가 지혜의 모태이자 지혜를 산출하는 길인 것입니다.

---

12 "계가 완전히 계발된 삼매는 큰 결실이 있고 큰 이익이 있다.
삼매가 완전히 계발된 지혜는 큰 결실이 있고 큰 이익이 있다.
지혜가 완전히 계발된 마음은 아아사와[漏, 번뇌]로부터 바르게
해탈한다.
sīlaparibhāvito samādhi mahapphalo hoti mahānisaṁso
samādhiparibhāvitā paññā mahapphalā hoti mahānisaṁsā
paññāparibhāvitaṁ cittaṁ sammad eva āsavehi vimuccati."
《장부》 16경 〈대반열반경*Mahāparinibbāna Sutta*〉, 2권 81쪽.

빤냐는?

우리는 혜, 지혜를 가리키는 말로 반야라는 용어를 주로 쓰지요. 반야般若는 빠알리어 빤냐paññā의 음사입니다. 빤냐paññā는 접두어 빠pa와 어근 즈냐jñā의 복합어입니다. 빠pa는 '앞에, 먼저, 앞으로, 강한, 보통 이상의'라는 뜻을 나타내는 접두어이고 즈냐jñā는 '앎'입니다. 그러니 빤냐는 보통의 앎이나 지식을 넘어서는 비범한 앎입니다. 그럼 부처님은 빤냐를 어떤 문맥에서 쓰셨을까요? 빠알리 경에 보면 먼저 지혜의 수준을 여러 차원으로 나누셨습니다. 빤냐라는 말도 쓰시고, 아빈냐abhiññā라는 말도 쓰시고, 빠린냐pariññā라는 말도 쓰시고, 안냐aññā라는 말도 쓰십니다. 또 지혜와 관계있는 용어로 짝쿠*cakkhu*[眼], 냐아나*ñāṇa*[智], 빤냐*paññā*[慧], 윗자*vijjā*[明], 아알로까*āloka*[光] 순으로 쓰시기도 합니다. 이 단어들은 지혜, 즉 앎의 수준이나 역할이 각기 다른 것을 나타내며 모두 대단히 독특한 자기 고유 영역을 가지고 있어서 다른 말로 대체할 수 없습니다. 그런데 빤냐의 경우 이 모든 지혜의 영역을 아우르는 넓은 개념으로도 씁니다.

부처님은 산냐나 윈냐아나를 넘어서는 높은 지혜로서, 경험을 통해서 확인되고 증명된 지혜인 아빈냐라는 개념을 제시하십니다. 아빈냐는 한문으로 '승지勝智, 증지證智'라고 번역하는데, 아빈냐는 수승한 지혜인 만큼 신통력을 나타내는 용어로도 쓰입니다. 《아함경》 번역에서 쓴 증지는 '증명된 지혜, 증명하는 지혜, 증명해내는 지혜'라는 뜻입니다. 또 빠린냐는 변지遍知[13]라 한

역되는데 '두루 완전히 아는 지혜'란 뜻이고, 경에서는 '사성제四聖諦에 대한 완전한 앎' 특히 '고성제苦聖諦에 대한 완전한 앎'이라는 뜻으로 자주 쓰입니다.

그 다음에 안냐라는 것이 있습니다. '무상지無上智'라고 하고, 더없이 높은 지혜라는 뜻입니다. 부처님이 다섯 비구에게 최초로 법을 설하신 〈초전법륜경 *Dhammacakkappavattana Sutta*〉에 보면, 다섯 비구 중에 꼰단냐 *Koṇḍañña*[憍陳如]라는 분이 있었지요. 부처님이 법을 설하시니까, 꼰단냐가 '일어나는 것은 모두 사라진다'고 깨닫습니다. 부처님은 꼰단냐가 최상의 지혜로 안 것을 알아보시고 '안냐아시 꼰단뇨 *Aññāsi*

---

13 변지遍知: 불교 전통에서는 遍을 주로 '변'이라 발음했는데 근래에 와서는 일반적 관례에 따라 '편'이라 읽기도 한다.

Koṇḍañño'[14] 라고 하십니다. '무상지의 차원, 아라한의 차원에서 알았다'[15] 는 말씀입니다.

여기서 한 가지 짚어볼 게 있습니다. 우리가 '깨달음'[16] 이라는 용어를 많이 쓰는데, 빠알리 경에서 깨달음은 '보디*Bodhi*'입니다. 그리고 정등각正等覺은 삼마아삼보디*Sammāsambodhi*이고, 무상정등각無上正等覺은

---

14 "참으로 그대, 꼰단냐가 깨달았구나, 참으로 그대, 꼰단냐가 깨달았구나 *Aññāsi vata bho Koṇḍañño aññāsi vato bho Koṇḍañño ti.*"《상응부》 56:11 〈초전법륜경〉, V, 424쪽.

15 꼰단냐가 깨달은 수준을 예류과로 치부하는 경향도 나타난다. 이는 〈무아의 특징 경*Anattalakkhaṇa Sutta*〉(《상응부》 22:59)에 다섯 비구가 깨달음을 얻었다는 말 때문인 듯한데, 여기서 다섯 비구는 나머지 비구들도 다 깨달았다는 점에 방점이 두어지는 것으로 해석된다.

16 깨닫다: ① 심령이 천지의 이치에 통하다, ② (진리나 이치 따위를) 터득해 환히 알다, ③ (모르고 있던 사실을) 알게 되다, ④ 느껴서 알다. 《새국어사전》 이기문 감수 참조.

아녹다라삼먁삼보디, 빠알리어로는 아눗따라삼마아 삼보디*Anuttarasammāsambodhi*인데, 이 말은 부처에게만 씁니다. 부처가 깨닫는 소식이 삼마아삼보디이고, 수 행자가 부처님 말씀에 귀의해서 마침내 아라한이 될 때 얻는 지혜가 안냐*aññā*입니다. 범부들이 향상하여 궁극적으로 갈 수 있는 최상의 지혜가 안냐입니다. 그 래서 우리 목표는 안냐입니다.

요는 깨달음이란 부처님이 스스로 깨달으신 경지를 말합니다. 우리가 부처님의 교법에 의존하여 나아가 는 목표는 아라한이고, 아라한의 지혜는 안냐입니다. 앞서 말한 바와 같이 안냐는 '최상의 지혜, 구경지'라 는 뜻으로 사전에 나와 있습니다. 다시 말해 안냐는 낮 은 차원의 지혜인 산냐로 하는 알음알이 차원을 완전 히 넘어서서 궁극적으로 이루는 완전한 앎이라는 뜻입니다. 이런 말들이 쓰이는 까닭은 산냐 차원을 넘어 빤냐, 아빈냐, 빠린냐, 안냐에 이르기까지 지혜를 끊임 없이 계속 성장시켜 나아가야 한다는 것입니다. 그 중에서 산냐, 원냐아나, 빤냐는 다발이나 묶음을 뜻하는 온蘊 *khandha*으로 상온想蘊, 식온識蘊, 혜온慧蘊이라고 언급되기도 하지요. 이 셋은 그만큼 범위가 넓어 각기 특수 범주를 구성하기 때문인 것 같습니다. 이때의 빤냐는 산냐와 원냐아나를 넘어서는 밝은 지智의 전全 영역을 포괄하는 용어로 이해하고 그런 뜻에서 우리는 지금 지혜라는 용어를 쓰고 있는 것입니다.

빤냐, 즉 지혜는 간단히 말해 '법法을 능숙하게 잘 아는 지혜'입니다. 법을 능숙하게 이해하고, 법을 능숙하게 다루고, 법과 자기의 합일이 능숙하게 잘 되는 것, 이것이 빤냐입니다. 이렇게 보면 붓다가 나오기 전에도 혜慧, 즉 빤냐가 있었는지 의문을 가져 볼 수 있겠습니다. 법法 *Dhamma*이 나오지 않았는데 어떻게 온전한 혜가 있을 수 있겠어요? 부처님이 법을 펴심으로써 인류는 참된 혜를 알게 되고 또 지닐 수 있게 된 것이 아닐까요? 비로소 인류가 빤냐라는 법의 눈으로 세상사를 볼 수 있게 된 것입니다. 눈 뜨고도 세상을 바로 보지 못하는 청맹과니 신세를 벗어날 수 있게 된 것입니다. 부처님이 담마를 세우시고, 빤냐를 가르치심으로써 인류에게 고苦를 벗어날 길을 제시해 주신 겁니다.

산냐에서 빤냐로

산냐에서 벗어나야

어떻게 하면 산냐를 극복하고, 지혜로 나아갈 수 있을까요? 산냐 놀음을 넘어서려고 머리로 따져 들어가면 벌써 알음알이 놀음이 되어버리는데 알음알이를 가지고 어떻게 알음알이를 해결합니까? 큰 딜레마입니다. 실로 산냐의 문제는 너무나 깊고 크다고 하겠습니다. 그런데 부처님은 산냐가 어떻고, 산냐의 폐단이 어떻고, 산냐를 극복하는 길이 어떻고 하는 식으로 말씀하지 않으셨습니다.

불교 경전 중 가장 오래된 경전인 《숫따니빠아따 *Suttanipāta*》 중에서도 가장 이른 경에 속하는 제4 여덟 게송의 품*Aṭṭhaka Vagga*을 보면 이런 게송이 나옵니다. 당시 인도사람들이 궁극의 길이 무엇일까 고민하며 부처님께 여쭙게 되었는데, 이에 순차적으로 그 길을 묻고 답한 끝에 색色의 문제가 거론되기에 이릅니다. "색이 소멸되는 사람은 어떤 사람입니까?"라는 질문에 부처님은 다음과 같이 말씀하셨습니다.[17]

산냐로 산냐 행을 하는 사람도 아니고
산냐를 비껴서 산냐 행을 하는 사람도 아니고
무상無想을 닦는 사람도 아니고
무유無有를 닦는 사람도 아니다.

---

17 《숫따니빠아따*Suttanipāta*》 게송 874

이런 부정적 조건들을 다 넘어선 사람에게서
색은 사라진다.
빠빤짜를 형성하는 그 모두가 실로 산냐에
연원하기 때문이다.

na saññāsaññī, na visaññā saññī
no pi asaññī, na vibhūtasaññī
evaṃ sametassa vibhoti rūpaṃ:
saññānidānā hi papañcasaṅkhā

이 게송은 매우 이해하기 힘들므로 제 나름대로 쉽
게 해석을 시도해보겠습니다. 첫 구절인 '나 산냐아산
니*na saññāsaññī*'는 색色에서 해방되려면 '산냐로 산냐
행을 하는 사람도 안 되고'라는 뜻입니다. 이 말은 산
냐로 아무리 애써보아도 색에서 해방될 수는 없다는
말입니다.

그다음 '나 위산냐아산니*na visaññāsaññī*'는 번역이 어렵습니다. 접두어 위*vi*가 문제 될 수 있겠는데, 이 '위'는 분리, 구별, 다름, 반대, 변화, 강조, 관통, 확장, 편만을 뜻합니다.[18] 위산냐*visaññā*를 영어권에서 '혼란한, 미친'으로 이해하여 '정상이 아닌 산냐 행'으로 옮기고 또 '무의식'으로도 해석하지요. 그러나 이렇게 보는 것은 '색의 소멸'이라는 지금의 이 과제에는 적합하지 않을 것 같습니다. 따라서 달리 해석을 모색해봅시다. 우선 접두어 '위'를 가장 일반적인 '분리'의 뜻으로 받아들여 '산냐를 비껴나서 산냐 행을 하는 사람도 안 되고'라고 해석해봅시다. 저는 '위산냐아산니'가 주관적인 산냐와 떨어져서 객관성을 표방하면서도 실제 내용 면에서는 산냐 행을 하는 사람들이라고 봅니다. 요

---

18 전재성 편, 빠알리 한글 사전

새 과학자나 철학자, 논리학자처럼 객관성을 표방하지만 실제로는 내내 산냐를 하고 있지 않습니까. '주관적 산냐로부터 탈피한 객관적, 합리적 산냐로도 색에서 해방될 수 없다'라는 뜻이라 보는 것입니다.

그다음 '노 삐 아산니*no pi asaññī*'는 '무상無想을 닦는 사람도 안 되고'라는 뜻입니다. 무상을 닦아 무상정을 이루어 머무는 사람을 무상유정無想有情이라 부릅니다. 승자천勝者天이라는 이름도 있습니다. 이 천에 들면 오백대겁 동안 무심無心 상태를 누린다고 하지요. 이 무상유정은 색계色界 제4선천第4禪天[19]의 오정거천五淨居天 아래, 광과천廣果天 위에 있는데 이를 광과천에 귀속시키기도 합니다. 옛날 인도사람들은 특히 외도들은 무상유정에선 상이 없으므로 모든 번뇌도 없어서 이 정을 닦아 무상과無想果를 이루면 열반을 얻게 된다고

19 3계界 26천天

3계 (三界)	무색계 (無色界)		비상비비상처천(非想非非想處天 nevasaññānāsaññāyatanūpagā devā) 무소유처천(無所有處天 ākiñcaññāyatanūpagā devā) 식무변처천(識無邊處天 viññāṇañcāyatanūpagā devā) 공무변처천(空無邊處天 ākāsānañcāyatanūpagā devā)	
	색계 (色界)	사선천 (四禪天)	색구경천(色究竟天 akaniṭṭhā devā) 선견천(善見天 sudassī devā) 선현천(善現天 sudassā devā) 무열천(無熱天 atappā devā) 무번천(無煩天 avihā devā)	오정거천 (五淨居天)
			무상유정(無想有情 asaññasattā) 광과천(廣果天 vehapphalā devā)	
		삼선천 (三禪天)	변정천(遍淨天 subhakiṇṇā devā) 무량정천(無量淨天 appamāṇasubhānā devā) 소정천(小淨天 parittasubhā devā)	
		이선천 (二禪天)	광음천(光音天 ābhāssarānā devā) 무량광천(無量光天 appamāṇābhānā devā) 소광천(小光天 parittābhānā devā)	
		초선천 (初禪天)	대범천(大梵天 mahābrahmā devā) 범보천(梵輔天 brahmapurohitā devā) 범중천(梵衆天 brahmakāyikā devā)	
	욕계천상 (欲界天上)		타화자재천(他化自在天 paranimmitavasavattino devā) 화락천(化樂天 nimmāṇaratī devā) 도솔천(兜率天 tusita devā) 야마천(耶摩天 yāmā devā) 삼십삼천(三十三天 tāvatiṃsā devā) = 도리천 사천왕천(四天王天 catummahārājikā devā)	

《중부》41경 〈사알라의 바라문들 경Sāleyyaka Sutta〉, 1권 289쪽과 PTS 영역
《장부》의 역자, 엠 오 시 월슈M. O'C. Walshe의 서문 39쪽 참조.

생각하여 무상無想을 추구하여 많이들 닦았다고 합니다.

그러나 부처님은 무상유정에 드는 것이 해탈이 아니라고 하셨습니다. 〈주 19〉의 3계三界 26천天 표에 보듯이 무상유정은 제4선에 귀속되지요. 하지만 무상유정만은 유일하게 중생[有情]을 뜻하는 ~사따~sattā로 표기함으로써 모든 천신들을 ~데와~devā로 표기하는 것과 뚜렷하게 차이가 납니다. 그 이유는 첫째, 팔정도의 정定에 의해 이루어지는 중도정中道定의 세계이기 때문에 상이 없는 이 무상유정이 여기에 들어가는 것은 맞겠지만 유정sattā이 의미하듯 중도정으로서는 수vedanā가 너무 강하기 때문에 유정의 범위에서 벗어나지 못하는 것이 아닐까 생각합니다. 즉 산냐 중생들이 깊은 정을 이루어 상을 유보하는 상태에 든 것일 뿐, 상을 초극한 것은 아니기 때문일 것입니다. 다시 말해 산냐에 의해서 도달할 수 있는 색계의 가장 높은 소식인 무상유정에

드는 것도 색에서 해방되는 길은 못 된다는 말씀입니다.

그다음에 '나 위부우따 산니na vibhūta saññī'를 봅시다. '무유無有를 닦는 사람도 안 된다'는 말입니다. 여기서 부우따bhūta는 '존재한다'이고 위부우따vibhūta는 '존재와 분리된, 존재가 공空한'의 뜻입니다. 그러니까 '나 위부우따 산니'는 존재가 공한 상태인 무색계정의 산냐 행을 가리키는 것인데, 이 역시 색에서 해방되는 것이 아니라는 뜻입니다. 그렇게 보면 감관의 욕계欲界도 안 되고, 과학적 욕계랄까 객관적 합리적 욕계도 안 되고, 《장부》의 〈대인연경Mahānidāna Sutta〉[20]에 설해진 칠식주이처七識住二處의 무상처無想處도 안 되고, 무색계정으로도 안 된다는 말씀입니다.

----

20 《장부》 15경 〈대인연경 *Mahānidāna Sutta*〉, 2권 55쪽.

그다음 '에왕 사메따싸 위보띠 루우빵*evaṃ sametassa vibhoti rūpaṃ*'은 '이런 부정적 조건들을 다 넘어선 사람에게서 색은 사라진다'는 뜻입니다. 요는 욕계欲界, 색계色界, 무색계無色界라는 삼계三界의 모든 정定도 산냐가 붙어있는 한, 색에서 벗어나는 길이 못 된다는 얘깁니다.

마지막 '산냐아니다아나 히 빠빤짜쌍카*saññānidānā hi papañcasaṅkhā*'는 '빠빤짜를 형성하는 그 모두가 실로 산냐에 뿌리를 두고 있기 때문이다'라는 말씀입니다. 이 게송에서 보다시피 부처님은 산냐의 범주를 이네 가지로 제시하시고 이 모두를 넘어서야 한다고 하셨습니다. 그러면서 모든 빠빤짜는 산냐에 기인한다고 결론지으십니다. 이 빠빤짜 역시 난해한 개념으로 앞에서 잠시 얘기한 바와 같이 신·구·심, 삼행이나 신·구·의, 삼업 모두가 산냐 놀음이요, 빠빤짜라는 사실을 상기해 보기 바랍니다. 산냐에 의존하는 유정 범부의 정으로는 명색을 멸할 수 없으므로 해탈·열반에 이를 수 없다고 하겠습니다.

그리고 이 게송에서 특히 주목할 대목은 색이 사라지려면 심지어 무색계의 정으로도 안 된다는 말씀입니다. 무색계에서는 색이 사라지지만 그건 정定에 들어 있을 때만 그렇지, 정에서 나오면 내내 산냐에 끄달리고, 색에 끄달린다는 뜻입니다. 이런 사이비 해탈로는 열반에 들 가능성은 없다는 겁니다. 부처님은 '무색계정이라는 심해탈心解脫 상태도 사이비 해탈'이라고 보시지 않았나 생각됩니다. 부처님이 출가 후 처음 찾아 배운 정의 대가인 아알라아라 까알라아마와 웃따까 라아마뿟따는 무소유처정無所有處定과 비상비비상처정非想非非想處定이라는 심해탈의 경지에 이르렀지만 혜해탈慧解脫이 아니어서 열반과는 거리가 있었지요. 즉 무색계정도 어찌 보면 치우친 극단의 정이어서 지혜에 닿지 못하고 불완전한 정으로 그치고 맙니다. 산냐에 의해서 수행을 한 사람은 중도中道를 모르니까 유有, 무無에 대한 집착이 강하다는 게 문제입니다. 또한 욕계를 저주하고 고해苦海라고 느끼면서 공空·무無를 해탈이라 여깁니다. 욕계를 벗어나는 길이 무라고 여기다 보니 무에 대해 집착하게 되어버리지요.

앞서 제가 오정거천을 언급하였는데 정거천은 사향사과四向四果[21]의 불환과不還果를 증득한 성자들이 나는 하늘 세계입니다. 불환과는 중도, 즉 팔정도의 정정正定, 바른 집중의 세계이지요. 그러니 당연히 해탈·열

---

21 '향向'이란 용어 때문에 뜻이 가려지는 측면이 있지만 빠알리어로 '막가*magga*', 즉 도道임. 불법에서 도는 물론 팔정도를 뜻함. 따라서 사향사과는 팔정도 수행이 거두는 네 가지 단계의 성취를 가리킴.

반에 이르는 길입니다. 그런데 바로 그 아래 자리에까지 이른 무상유정은 그 길이 아니라는 겁니다. 우리 모두 곰곰이 이 뜻을 새겨보는 게 반드시 필요할 것 같습니다. 보통 삼매*samādhi*, 정定에 들어서 해탈·열반을 이룬다고 생각하는데, 그것이 산냐를 못 벗어나는 정일 경우, '산냐 해탈, 즉 심해탈'에 불과합니다. 그것은 진정한 해탈·열반이 아니란 말입니다. 무색계정은 정으로서는 가장 높은 정이지만 산냐에 의한 정, 즉 처정處定[22]이어서 부처님은 '그것은 아니다'라고 말씀하신 겁니다.

정리하자면 감관의 욕계欲界도 안 되고, 과학적 욕계랄까 객관적 합리적 욕계도 안 되고, 그다음에 색

---

22 처정處定: 무색계無色界의 공무변처空無邊處, 식무변처識無邊處, 무소유처無所有處와 비상비비상처非想非非想處에서 이룬 정. 50쪽의 3계 26천표 참조.

계 가운데 제일 높은 정이 오정거천인데, 그 바로 아래인 무상유정도 안 되고 그리고 무색계정으로도 안 된다는 말씀입니다. 요는 욕계欲界, 색계色界, 무색계無色界라는 삼계三界의 모든 정定도 산냐가 붙어있는 한, 색에서 벗어나는 길이 못 된다는 얘깁니다. 산냐를 넘어서는 공부가 이처럼 지난至難합니다.

바른 마음챙김과 바른 집중

산냐를 넘어서려면 팔정도를 닦는 것이 바른 길인데, 이 길이 바른 길이 될 수 있는 것은 바른 마음챙김[23]의

---

23 《불법의 대들보, 마음챙김sati》, 말한이 활성, 엮은이 김용호, 〈고요한소리〉(2021) 참조.

힘 때문입니다. 바른 마음챙김이 적극적 기능을 수행할 때 그의 힘을 받는 집중은 지혜를 이끌어내므로 산냐로 부터의 진정한 해방이 가능합니다. 부처님은 산냐를 벗 어나고 산냐를 초극하여 마침내 해탈·열반을 이루는 유 일무이한 길로 팔정도를 가르치고 계시는 겁니다.

처음 발심자가 팔정도를 공부할 땐 당연히 산냐로 하게 됩니다. 처음부터 지혜가 갖춰져 있는 상태로 공 부를 시작할 수 없으니까요. 그러니 팔정도의 바른 견 해[正見]도 바른 집중[正定]도 처음에는 산냐에 의존해 서 수행합니다. 그런데 산냐의 특성은 바깥을 향하는 것입니다. 산냐는 항상 바깥을 향하고, 바깥을 상상하 고, 심지어 바깥을 피안으로 동경하기까지 합니다. 산 냐는 항상 바깥을 보다 보니 '있는 그대로' 보지 못합 니다. 일종의 바깥화이고, 자기소외이지요. 종교니 예술이니 하며 뭐든지 바깥화해서, '저 바깥에 있는 게 피안이다, 천상이다' 하면서, 이름을 잔뜩 붙여서 그리 워하고 동경하고 소망하고 있는 겁니다. 그렇기 때문 에 심지어 정定마저도 산냐로 하기 십상입니다. 그 경 우 그것은 바른 집중, 정정正定이 아니고 그릇된 집중 [邪定]이니 결국 산냐 놀음에 그칠 뿐입니다. 거듭 말하 지만, 문제는 팔정도마저도 자칫 산냐로 닦기 쉽다는 겁니다. 그렇게 되면 팔정도라 할 수도 없겠지요.

'산냐 정', 즉 그릇된 정이 아니라 바른 정[正定]의 길 로 가려면 이렇듯 마음챙김의 도움이 꼭 필요합니다. 바른 마음챙김은 산냐 정으로 빠지는 것을 막고 바 른 집중으로 이끌어줍니다. 정념正念, 즉 삼마아사띠 *sammāsati*가 있어 그릇된 정을 막을 뿐 아니라 지혜의 눈을 뜨게 해주어서 팔정도를 온전한 팔정도로 만들어 주고, 정定도 중도中道 정으로 만들어줍니다. 따라서 바른 마음챙김은 가히 '불법의 대들보'라 하겠습니다. 바른 마음챙김이란 사념처四念處를 챙기는 것입니다.[24] 사념처는 우리가 바른 마음챙김 할 때 염을 두는 염처念處인데, 신념처身念處, 수념처受念處, 심념처心念處, 법념처法念處입니다. 이 사념처는 바른 마음챙김을 붙들어 매는 말뚝입니다.

마음챙김, 사띠는 부처님이 발명하신 위대한 가르침입니다. 산냐를 처리하는 것이 바로 사띠이기 때문입니다. 그러니 방금도 말했듯이 팔정도가 팔정도답게 되려면 바른 마음챙김의 역할이 필수적입니다. 사띠는 살활자재殺活自在하여 우리로 하여금 산냐를 처리하고

---

24 《장부》 22경 〈대념처경*Mahāsatipaṭṭāna Sutta*〉 참조.

산냐를 넘어설 수 있게 해줍니다. 여러분, 복福과 사띠는 많을수록 좋다고 하지 않습니까. 마음챙김, 사띠는 챙기면 챙길수록 좋은 것입니다. 흔히 팔정도를 계·정·혜, 삼학에 배대시킵니다.[25] 팔정도의 바른 견해[正見]와 바른 사유[正思]는 혜에, 바른 말[正語], 바른 행위[正業], 바른 생계[正命]와 바른 노력[正精進]의 전반부는 계에, 바른 노력의 후반부와 바른 마음챙김[正念], 바른 집중[正定]은 정에 넣습니다. 그런데 사띠를 보통 정에만 넣는데, 그것은 문제가 있다고 봅니다. 사띠는 지혜를 유발하는 역할을 하며 지혜에 가깝습니다. 사띠를 기반으로 하는 정이 아니고서는 혜를 끌어내지 못하기 때문입니다. 〈대사십경Mahācattārīsaka Sutta〉[26]에서 말

---

25 활성 스님, 소리·일곱 《참선과 팔정도》, 〈고요한소리〉 참조.

26 《중부》 117경 〈대사십경 Mahācattārīsaka Sutta〉 참조.

하는 십지도十支道는 팔정도에 혜와 혜해탈을 더한 것을 말하는데 그것은 사띠가 적극적 기능을 하는 것이 전제된 얘기입니다.

몸에 대한 마음챙김[念身]

　그럼 어떻게 해야 바른 마음챙김이 적극적 기능을 수행하게 될까요? 부처님은 마음챙김 할 때 사념처 중에서도 신념처를 무엇보다 더 자주 더 많이, 항상 챙기라고 당부하셨습니다. 신념처를 자꾸 챙기다 보면 습관이 붙고 탄력이 생겨 항상 바른 마음챙김을 하게 되기 때문입니다. 신념처를 챙기다 보면, 수념처-심념처-법념처도 자연스레 이어서 챙겨지게 됩니다. 이 부분이 특히 명심해야 할 부분입니다.

부처님이 '먼저 신념처를 챙기라!'고 하셨는데, 이 신身, 까아야kāya는 색色, 루우빠rūpa와 다릅니다. 우리가 산냐로써 인식하는 몸은 색이지 신이라고 하지 않습니다. 우리가 몸을 대상으로 마음챙김 할 때 안의 경계로서 몸을 챙기면 그것은 신이 되고 밖의 경계로서 챙기면 색이 된다는 얘기입니다. 그러니 색을 챙기는 것은 산냐 놀음일 수밖에 없습니다. 그래서 신은 내육처에, 색은 외육처에 배치되어 있겠지요. 신과 색은 그런 차이가 있습니다. 이 차이가 어떤 의미를 띌까요? 우리가 몸을 일컫는 말 중에 색신이란 용어가 있는데 몸의 물질적 성격을 강조하는 말인 셈입니다. 하지만 색과 신, 이렇게 구분해 보는 것이 불교 특유의 관점이라고 하겠습니다.

거듭 말하지만 색은 산냐의 대상입니다. 가령 눈[眼]

이라는 처處 *āyatana*에 나타나는 대경은 색입니다. 이
과정에서는 산냐가 눈을 기반으로 해서 작용합니다.
이렇게 안眼·이耳·비鼻·설舌·신身·의意, 여섯 감각기관
[內六處]에 산냐가 작용할 때는 대경이 되는 것은 색色
이고, 성聲이고, 향香이고, 미味이고, 촉觸이고, 법法이
어서 외육처가 됩니다. 좀 더 엄밀히 살피면 산냐는 대
개 식, 윈냐아나와 어울려 활동합니다. 그런데 감각기
관과 대경의 거리가 멀수록 산냐가 주역을 맡고 가까
우면 윈냐아나가 주가 된다고 경에서도 밝히고 있습
니다. 가령 희다, 검다 하고 아는 것은 산냐이고, 달다,
쓰다 하고 아는 것은 윈냐아나입니다. 그렇다고 해서
두 경우 모두 산냐나 윈냐아나가 단독으로 작용하는
것은 아니며, 어느 경우에나 바깥화의 주역은 산냐, 상
입니다. 외육처에 포함되는 법은 부처님이 따로 쓸모가
있어서 말씀해 놓으신 것이니까 지금 여기서 서둘러

논단論斷할 일이 아닙니다.

색, 성, 향, 미, 촉. 이 다섯 가지는 오욕락五欲樂의 세계입니다. 왜 오욕락을 탐하고 집착하는 일들이 벌어지느냐? 그것은 바로 안, 이, 비, 설, 신에 산냐가 주역으로 작용하기 때문입니다. 심지어 해탈·열반마저도 산냐로 하는 한, 역시 관념적 해탈·열반밖에 안 되므로 중생 차원의 집착 대상이 되고 맙니다. 그렇기 때문에 산냐 놀음을 벗어나야만 한다는 과제가 막중하게 제기되는 겁니다.

거듭 말하거니와 산냐 놀음은 모든 대상을 바깥화하여 인식하는데 바깥은 도무지 제대로 알 수가 없습니다. 바깥화되어 있는 것은 내가 직접 체험하고 점검할 수가 없습니다. 예를 들면 옆에 있는 사람이 '배가 아프다'고 하는데 그 아픔을 내가 직접 체험할 수는 없고, 내가 아팠던 기억을 되살려서 내 나름으로 상상하는 수밖에 없습니다. 그런 것은 제대로 아는 게 아닙니다. 어디까지나 상상입니다. 그러니까 바깥 경계는 산냐로 상상할 수밖에 없는 겁니다.

산냐에 휘둘리게 되면 마음은 야생 코끼리처럼 날뜁니다. 빠빤짜, 희론에 휘둘리게 되는 겁니다. 이런 날뛰는 마음을 붙들어 매기 위해 중국에서는 화두를 들었습니다. 선종禪宗에서 '화두를 챙겨라'라고 하는데, 화두는 중국인 체질에 맞게 변용된 사념처라고 할 수 있습니다. 그런 점에서 화두 공부는 마음을 챙기는 공부인 것입니다. 화두를 제대로 들기 위해서는 의심 덩어리인 의단疑團이 필요하다고 했지요. 의심 일념이 되어 산냐가 끼어들지 못하도록 해야 한다는 것이지요.

그런데 '이 뭣고'에서 '이'가 바깥 경계를 가리키는 것은 아닐 테지만 '이'란 지시대명사가 붙으면 그 가리키는 것이 대상화되는 것을 면치 못합니다. 그렇기 때문에 그것이 바깥 대상을 가리키는 기능이 되지 않게 만들려면 그 의단이 '나'와 합일하여 한 덩어리가 되어야 합니다. 그게 일반인이나 초심 수행자에게 쉬운 일이 아니어서 모두가 힘들어 합니다. 화두가 마음을 어딘가 붙잡아 맨다는 자체만 보면 좋은데, 그 매는 과정에 산냐가 개입하면 '화두 산냐'가 되기 십상이지요. 화두든 의단이든 산냐 놀음을 철저히 배제하는 것이 요결要訣입니다. 이처럼 마음챙김 할 때 바깥과 안의 문제가 나옵니다. 여기서 부처님이 왜 '제일 먼저 신념처를 챙기라!'고 하셨는지 짐작이 가시지요?

결국 우리가 '있는 그대로' 실답게 알게 되려면 바른

마음챙김, 삼마아사띠 공부를 하지 않으면 안 됩니다. 삼마아사띠를 제대로 하기 위해서 직접적으로 알 수 있는 이 몸에 대해서부터, 즉 신념身念부터 시작하는 것입니다.

몸에 대한 마음챙김[念身]이란 내 몸이나 내 몸에서 일어나는 일을 '있는 그대로' 챙겨서 아는 겁니다. 산냐로 상상하여 아는 것이 아닙니다. 몸을 관하고, 몸을 염하면서 몸에 대한 공부를 지어나가는 겁니다. 이처럼 마음챙김 공부가 펼쳐지는 마당이 바로 몸이 되어야 합니다.

몸에 대한 마음챙김 공부는 호흡부터 시작하라! 왜? 호흡은 우리가 항상 하고 있는 것이니까요. 우리가 잠을 자든, 무슨 활동을 하든 호흡은 몸에서 끊임없이 지속되는 것 아닙니까. 부처님이 수행 방법 중 가장 기본으로 삼으신 가르침이 〈염신경念身經 *Kāyagatāsati Sutta*〉[27]입니다. 〈염신경〉은 산냐로 마음챙김 하는 폐단을 막는 대표적인 가르침입니다. 부처님은 '시종일관 몸을 떠나지 말고 몸을 관찰하는 데서 공부를 지으라' 고 말씀하셨습니다. 우리는 흔히 부처님이 말씀하신 진리조차 관념의 대상으로 삼아서 공부를 이루려고 애를 쓰지만, 그리되면 산냐 놀음입니다. 부처님은 추상적 관념이나 가치는 그것이 아무리 좋아 보여도, 그걸 추구하는 쪽으로 달려가지 말라고 당부하신 겁니다.

〈염신경〉에서 부처님은 공부의 시작부터 끝까지 내

---

27 《중부》119경 〈염신경〉 ; 《염신경》, 냐나몰리 스님 영역, 현음 스님 옮김, 〈고요한소리〉 참조.

가 호흡하는 것을 '있는 그대로' 보라고 하셨습니다.

> 길게 들이쉬면서 '나는 길게 들이쉰다'고 알고
> 길게 내쉬면서 '나는 길게 내쉰다'고 안다.
> 짧게 들이쉬면서 '나는 짧게 들이쉰다'고 알고
> 짧게 내쉬면서 '나는 짧게 내쉰다'고 안다.
> '온몸을 경험하면서 들이쉬리라'며 공부 짓고
> '온몸을 경험하면서 내쉬리라'며 공부 짓는다.
> '신행을 가라앉히면서 들이쉬리라'며 공부 짓고
> '신행을 가라앉히면서 내쉬리라'며 공부 짓는다.[28]

호흡관 수행에는 온갖 깊고, 크고, 넓은 의미가 다 포함되어 있습니다. 호흡을 알면 알수록 거기에 따라오는 부대 이익이 굉장히 많습니다. 내 몸을 통제할 힘도 생기고, 그래서 내 느낌이나 마음도 어느 정도 통어通御할 수 있는 계기가 마련됩니다. 그러니까 호흡관이 몸에 대해 마음챙김을 하는 데 가장 적합하다고 할 수 있습니다. 호흡은 우리가 항상 하는 것이어서 언제나 관할 수 있고 또 조금만 노력하면 자연스럽게 '있는 그대로' 볼 수 있습니다. 요컨대 호흡관은 몸과 마음을 통제하고, 몸에서 비롯되는 온갖 것을 '있는 그대로' 볼 수 있는 효과적인 공부입니다.

요가나 무슨 기氣 수련할 때는 호흡을 하되 목적이

---

28 *dīghaṁ vā assasanto dīghaṁ assasāmīti pajānāti*
dīghaṁ vā passasanto dīghaṁ passasāmīti pajānāti
rassaṁ vā assasanto rassaṁ assasāmīti pajānāti
rassaṁ vā passasanto rassaṁ passasāmīti pajānāti
sabbakāya paṭisaṁvedī assasissāmīti sikkhati.
sabbakāya paṭisaṁvedī passasissāmīti sikkhati
passambhayaṁ kāyasaṁkhāraṁ assasissāmīti sikkhati
passambhayaṁ kāyasaṁkhāraṁ passasissāmīti sikkhati

《중부》 119경 〈염신경*Kāyagatāsati Sutta*〉, 3권 89쪽.

있지요. 건강증진이라든가 마음의 평온이라든가 하는 의도가 있습니다. 그러나 〈염신경〉의 호흡관은 그런 식의 목적을 다 놓아 버리고 그냥 '있는 그대로' 보는 훈련을 하는 겁니다. 아주 간단명료한 이야기입니다.

앞서 말했듯이 같은 몸이라도 외처인 루우빠rūpa, 색色으로서 몸을 보는 게 아니라 내처인 까아야kāya, 신身으로서 보니까, 자연히 마음의 방향을 안쪽으로 돌리게 되는 것이 호흡관입니다. 호흡관은 안으로 보는 훈련이요, '있는 그대로' 보는 훈련이 되는 겁니다. 이처럼 내 몸 안에서 일어나는 호흡을 '있는 그대로' 보게 되면 마침내는 바깥 경계도 '있는 그대로' 볼 수 있는 능력이 개발됩니다. 욕심이나 기대를 일으키는 산냐 놀음을 하지 않으면서 '있는 그대로' 보는 능력이 생기면, 바깥으로 뭔가를 찾는 습관이 고쳐집니다. 이 몸을 '있는 그대로' 관하고 있는 동안에는 우리의 고질적 습이 되어버린 산냐 놀음을 하지 않을 수 있습니다. 소위 빠빤짜, 희론을 안 할 수 있습니다.

호흡관은 그야말로 산냐를 극복하고 졸업할 수 있는 길입니다. 그 때문에 부처님이 처음부터 몸에 대한 마음챙김 수행을 그토록 강조하신 것입니다. 그렇게 호흡관 공부를 하면 참[眞]을 추구하는 일이 가능해집니다. 이것이 호흡관 수행의 가장 큰 이득입니다. 즉 몸을 선용하여 해탈·열반에 이를 수 있다는 말입니다. 이처럼 호흡관은 몸을 이용하되 몸을 학대하는 고행주의와는 본질적으로 다른 것입니다.

또한 '있는 그대로' 보는 호흡관은 팔정도의 첫머리인 바른 견해[正見]를 얻는 것과 직결됩니다. 바른 견해는 사성제四聖諦, 고·집·멸·도苦集滅道를 바르게 아는 것입니다. 사성제의 첫 번째 항목이 고성제苦聖諦입니다. '내가 느끼는 고통, 거기서부터 시작하라!'는 말씀입니다. 고가 좋다, 나쁘다 하는 이야기는 일단 젖혀두십시오. '좋다, 나쁘다'는 건 산냐 놀음입니다. 반면 '내가 고통을 겪고 있다, 아프다.' 이건 진실입니다. 관념이 아닙니다. 이 아프다는 진실을 '있는 그대로' 보는 데서 바른 견해가 시작합니다.

잘 아시다시피 이 팔정도의 첫 번째 항목인 바른 견해가 바로 불교에 들어서는 문입니다. 바른 견해만 제대로 얻으면 예류과豫流果가 성취됩니다.[29] 바른 견해가 서면 우리 공부가 제대로 궤도에 오른 것입니다. 예

---

29 활성 스님, 소리·열아홉 《바른 견해란 무엇인가》, 〈고요한소리〉 참조.

류과에 들면 일곱 생 내에 해탈한다고 부처님이 보장하셨습니다. 왜? 무엇을 대하든 바른 견해로 보는 사람은 다시는 헤매지 않으니까요. 길을 찾았으니까요. 길 위에 올라섰는데, 그 사람이 좋은 길 놔두고 나쁜 길 가겠습니까? 지혜 수준이 그만큼 향상되었는데 왜 도로 퇴전退轉하겠어요? 바른 견해를 쓰는 것은 '이것은 정正이고, 저것은 사邪다' 하는 알음알이에 그치는 것이 아닙니다. 뿐만 아니라 정正이라야만 마음이 편하고 정이 아닌 것은 거부하지 않을 수 없게끔 되었는데, 어떻게 도로 돌아갈 수 있겠습니까? 그러니 몸에 대한 마음챙김, 호흡관 수행으로 바른 견해를 세우는 일이야말로 일생일대의 중차대한 일이 될 수밖에 없습니다.

빤냐로의 향상

인류 역사도 크게 보면, '우리'라고 하는 공동체적 산냐[想]로부터 '나'라고 하는 개체적 윈냐아나[識]로 성장해 왔습니다. 과학이 사물을 객관적으로 관찰하고 검증하는 데서 보듯이 인류는 산냐에서 윈냐아나로 나아간 겁니다. 산냐에서 윈냐아나로 가긴 했는데, 앞에서 말했듯이 윈냐아나가 극단으로 향해 가고 있다는 것이 문제입니다. 그 결과 오늘날 인류는 물질 중심적인 과학의 폐단에 직면하고 자기중심적인 사고의 한계에 부딪혀 버렸습니다.

빤냐를 키우려면 지난날의 윤리, 가치관으로는 안 됩니다. 왜? 윤리나 가치관의 기반이 산냐이기 때문입니다. 국가주의, 애국주의, 충효, 가정 중심 등등 이 모든 것이 산냐로 형성된 공동체적 가치가 아닙니까? 옛날식 윤리나 가치관으로는 안 되고 설득력도 약합니다. 인류가 사람답게 살려면 이 윈냐아나의 극단성과 편향성을 일단 중도中道로 바로 잡아서 빤냐 쪽으로 나아가야 합니다. 답은 다 나와 있습니다. 윈냐아나가 극단으로 가버리는 바람에 오늘날 크고 작은 온갖 문제에 부딪히게 된 인류는 지혜로운 길을 찾아야겠다고 각성하기 시작했습니다. 중도가 그리운 겁니다. 온갖 산냐 놀음으로 치닫는 인류가 참으로 빤냐가 아니고는 달리 살 길이 없다는 것을 깨닫기에 이르고 있는 것입니다. 그런데 부처님이 이 모든 것을 이미 시설해 두셨으니 실로 부처님 법에 감사하고, 빤냐의 가르침에 감사할 따름입니다.

결국 우리가 알아야 할 것은 부처님 법입니다. 우리

공부를 점검하는 기준이 법입니다. 법을 실천하는 것이 도道입니다. 여러분, 37조도품助道品[30] 들어보셨지요? 부처님은 우리가 해탈·열반을 할 수 있도록 돕는 37조도품을 시설하셨습니다. 37조도품은 사념처四念處, 사정근四正勤, 사신족四神足, 오근五根, 오력五力, 칠각지七覺支, 팔정도八正道입니다. 이처럼 37조도품도 팔정도로 마무리됩니다. 요컨대 팔정도를 닦아 법을 실천함으로써 빤냐를 키우고 해탈·열반을 이룰 수 있는 겁니다.

그런데 여러분, 빤냐가 어느 날 하늘에서 느닷없이 뚝 떨어지는 것이겠습니까? 또 빤냐가 자랄 수 있도록 준비도 필요하지 않겠습니까? 이를 해결하는 길이 우선 우리 자신이 어떤 존재인지 아는 것입니다. 빠알리 경에서 존재의 세 가지 특성은 무상無常 anicca [덧없음],

30   * 삼십칠조도품三十七助道品: 초기 불교에 있어서 깨달음을 도와 주는 서른일곱 가지 수행 방법. 37보리분법菩提分法, 37각분覺分, 37도품道品 등으로도 불린다. 《중부》 103경 〈어떻게 생각 하는가 경*Kinti Sutta*〉 ; 보리수잎·열셋 《불교와 과학 / 불교의 매력》, 프란시스 스토리 지음, 박광서 옮김, 〈고요한소리〉 참조.

① 사념처四念處: 신념처身念處, 수념처受念處, 심념처心念處, 법념처 法念處

② 사정근四正勤: 단단斷斷(이미 생긴 불선은 끊어 없애고), 율의단 律儀斷(아직 생기지 않은 불선은 예방하고), 수호단隨護斷(이미 생긴 선은 지켜내고), 수단修斷(아직 생기지 않은 선은 닦아 개 발함)

③ 사신족四神足: 욕신족欲神足, 정진신족精進神足, 심신족心神足, 사유신족思惟神足 (효용이 다양하고 무량하므로 신, 족은 원인, 원천, 여기서는 선정을 가리킴)

④ 오근五根: 신근信根, 정진근精進根, 염근念根, 정근定根, 혜근慧根

⑤ 오력五力: 신력信力, 정진력精進力, 염력念力, 정력定力, 혜력慧力

⑥ 칠각지七覺支: 염각지念覺支, 택법각지擇法覺支, 정진각지精進覺 支, 희각지喜覺支, 경안각지輕安覺支, 정각지定覺支, 사각지捨覺支

⑦ 팔정도八正道: 바른 견해[正見], 바른 사유[正思], 바른 말[正語], 바른 행위[正業], 바른 생계[正命], 바른 노력[正精進], 바른 마음 챙김[正念], 바른 집중[正定]

고苦 *dukkha*[불만족성], 무아無我 *anattā* [자아가 없음][31] 라고 합니다. 부처님이 이 말씀을 하신 주된 목적은 우리를 올바른 해탈에 이르도록 이끌어주시려는 것입니다. 따라서 선언적으로 '무아다'라고 생각하고 되뇌고만 있을 게 아니라 '어째서 무아냐?' 하고 줄기차게 캐고 들어가는 노력이 필요합니다. 왜 불교가 무아無我를 얘기하겠습니까? 무아를 알아야 빤냐로 나아갈 수 있기 때문입니다.

다시 부언하는 것이 되겠는데 부처님은 인간을 오온五蘊과 오취온五取蘊으로 설명하셨습니다. 인간은 색·수·상·행·식色受想行識, 오온으로 구성되어 있지만,

---

31 법륜·넷 《존재의 세 가지 속성 – 삼법인》, 오 에이치 드 에이 위제세께라 지음, 이지수 옮김, 〈고요한소리〉 참조.

중생은 갈애*taṇhā*로 인해 오온에 집착[取]이 붙어서 오취온으로 살고 있습니다. 그런데 색·수·상·행·식 어디에 '나'가 있습니까? 오온 어디에도 '나'가 없습니다. 우리는 무아를 제대로 알아야 산냐도 윈냐아나도 벗어날 수가 있는 겁니다. 얼마나 놀랍습니까? 윈냐아나도 결국은 집착의 대상이요, 집착 덩어리에 지나지 않습니다. 오취온 한가운데 산냐가 자리 잡고, 우리를 끝없이 산냐 놀음으로 몰아가기 때문입니다. 그러니 우리가 방심하면 어느새 산냐에 끌려가고 있는 겁니다. 종교인, 정치인, 경제인, 학자, 소설가, 예술가 등 그 어떤 분야, 그 누구도 예외 없이 산냐 놀음에 빠지게끔 되어 있습니다. 그것이 범부 세계의 소식입니다.

산냐 놀음에 끌려간다는 것은 곧 행行 *saṅkhārā*에 휩쓸리고 있다는 말입니다. 행의 핵심을 이루고, 행을 운

전하고, 행으로 모든 걸 끌어들이는 게 산냐, 상입니다. 제행諸行의 흘러가는 질서가 상에 의해 좌우됩니다. 상과 행은 불가분의 관계입니다. 그래서 색-수-상-행-식에서도 상 다음에 행이 있는 겁니다. 오온의 순서 하나하나가 예사롭지 않습니다. 그러면 식, 윈냐아나는 어떤 역할일까? 제일 끝에 있으면서 색-수-상-행을 떠받치고 연출하는 것, 오취온 차원의 세계를 연출하는 것이 식입니다. 그럼 우리는 어디로 가야 하는가? 답은 명쾌합니다. 혜, 빤냐를 개발하는 길로 나아가는 것입니다.

그러면 산냐를 벗어나 빤냐로 가기 위해서 어떻게 해야 할까요? 행에 휩쓸리지 않아야 산냐 놀음을 그칠 수 있습니다. 그런데 마음챙김 대상인 신·수·심·법, 사념처 중에 상, 산냐는 없고 수, 웨다나vedanā는 들

어가 있습니다. 이 점이 대단히 중요합니다. 부처님은
심과 심행心行을 구분하시면서 '심행은 수와 상이다' 라
고 분명히 말씀하셨습니다. 수와 상이 단짝이 되어 심
행을 일으킨다는 겁니다. 즉 심 자체는 상, 산냐가 아
니지만 본체인 심에 산냐가 작용하여 심행을 일으킨다
는 말씀입니다.

그런데 산냐 문제를 해결하는 데에는 심행을 일으
키는 단짝인 수와 상 중에 수가 해결의 실마리가 될
수 있습니다. 여러분, 〈염수경〉[32] 아시지요? 수受는 느
낌입니다. 느낌은 즐거운 느낌, 괴로운 느낌, 즐겁지도
괴롭지도 않은 느낌, 이 세 가지입니다. 부처님이 윤회

---

32 《상응부》 36상응 〈수상응Vedanā Saṃyutta〉.
   법륜·열둘 《염수경》, 냐나뽀니까 스님 지음, 규혜 스님 옮김, 〈고요
   한소리〉 참조.

고輪迴苦를 끊을 수 있는 고리로 십이연기 중 수를 드셨습니다. 구체적으로는 수와 상이 어울린 심행에서 수와 상을 분리하신 겁니다. 이처럼 수와 상을 분리하면 이 둘 다 힘을 잃게 됩니다. 즉 느낌이 일어날 때마다 상, 산냐가 들어붙지 않으면 수와 상은 힘을 잃어 심행을 일으키지 못하게 됩니다. 수와 상을 분리하는 것이 바로 마음챙김, 사띠의 힘입니다. 수를 '있는 그대로' 마음챙김 하면 상이 들어올 틈이 없습니다. 마음챙김이 여기서도 어떤 역할을 하는지 알 수 있겠지요?

한편 이렇게 수와 상을 분리하고 나아가 수는 수대로, 상은 상대로 둘 다 파괴하지 않고 각각 잘 살리고 잘 발달시켜야 합니다. 수념처를 마음챙김 할 때 순수하게 육체적 느낌을 염하는데서 시작하여 마침내 정신적 느낌까지 있는 그대로 보게 되어야 합니다. 즉 희열*somanassa*과 슬픔*domanassa*을 똑바로 볼 수 있게 되어야 합니다. 그리고는 거기서 더 나아가 드높은 정신 세계를 포용하고도 남을 만큼 고매한 느낌인 평온함, 즉 우뻬카*upekkhā*가 일어나도록 마음챙김을 통해 수를 잘 계발해야 합니다.[33] 칠각지七覺支[34]의 마지막인 평온각지[捨覺支]에 이르러 평온함을 지니게 된 사람은 결코 삶의 우여곡절에서 혼란에 빠지지 않게 되는 겁니다. 이렇게 산냐가 떨어져 나가면 사념처의 심념처와 법념처를 있는 그대로 보게 되어 아라한의 경지에 이르는 겁니다.

---

33 22근에 수근受根으로 즐거움*sukha*, 괴로움*dukkha*, 희열*somanassa*, 슬픔*domanassa*, 평온함*upekkha*이 순서대로 설치되어 있다.

34 법륜·열여섯 《칠각지》, 삐야닷시 스님 지음, 전채린 옮김, 〈고요한 소리〉 참조.

도道는 자연스럽다

전번에 회원 한 분이 팔정도 공부하는 데에 이제는 수행 매뉴얼 같은 게 필요하다고 말하는 것을 들었습니다. 이 말은 산냐와 관련지어 매우 중요한 주제이므로 함께 생각해 봅시다. 요새는 매뉴얼 시대입니다. 무슨 물건 하나 사도 반드시 매뉴얼이 따라 오지요. 컴퓨터를 사도 그렇고, 난방 기구를 하나 사도 '요렇게 조렇게 조작하라, 그러면 작동한다' 하는 매뉴얼이 따라옵니다. 그게 기계문명의 소산입니다. 서양 문화의 필연적인 소산이 매뉴얼이고, 그 자체가 일상생활이 되었지요.

동양 문화는 어떠합니까? 특히 불교문화에 매뉴얼 같은 것이 있었던가요? 부처님이 매뉴얼을 만드셔서, '요렇게 버튼을 탁탁 누르면 공부 마디가 풀린다'고 말씀하시겠습니까? 아닙니다. 그렇건만 많은 불자들이 매뉴얼이 필요하다고 생각하는 것 같습니다. 그래서 불교 역사를 보면 어느 시대부턴가는 불교 수행법도 매뉴얼화 되기에 이르렀습니다. 아주 정밀하고 치밀한 매뉴얼이 만들어졌습니다. 그것도 너무 많이 만들어졌습니다. 매뉴얼이 엄청난 양이 되어서, 그것 읽어내기에도 평생이 부족할 정도입니다.

제가 보기에 문제는 매뉴얼이 나올수록 오히려 해탈과 거리가 멀어진다는 사실입니다. 매뉴얼에 의지해서는 해탈할 수가 없습니다. 매뉴얼로는 무슨 무슨 꾼만 자꾸 생깁니다. 요새 '참선꾼'이라는 말이 있지요. 꾼이 되는 겁니다. 위빳사나꾼, 사마타꾼처럼 매뉴얼이 꾼 만들기 딱 좋은 거 아닙니까? 부처님은 이 문제를 진작부터 심각하게 보시고, 거기에 대한 대책을 치밀하게 세우셨다고 생각합니다. 초기 경전 전체가 바로 매뉴얼과 거리가 멀다고 할 수 있습니다. 빠알리 경전을 보면 매뉴얼 같은 걸 만들거나 매뉴얼에 의지하려는 생각을 하지 말라고 하신 부처님 뜻을 잘 알 수 있습니다.

부처님이 해탈·열반의 필요성을 말씀하시고 거기에 이르는 길로 제시하신 것은 오직 한 길, 팔정도뿐입니다. 팔정도는 매뉴얼이 아닙니다. '팔정술'이 아니라 '팔정도'입니다. 도道와 술術을 구분하는 것은 중대한 문제입니다. 술이라는 것은 기술이지요. 요가의 방법처럼 불교 공부의 방법이 따로 있어서 그 방법이라야만 한다면, 그건 기술입니다. 하지만 부처님은 기술자도 술사術師도 아닙니다. 도와 술을 구분하는 문제는 '무엇이 부처님 근본 가르침인가'를 이해하기 위해서 참으로 중요합니다. 특히 기술 문명이 범람하여 인류를 낭떠러지로 몰아붙이는 이 시대에 불법 공부마저도 기술 문명 매뉴얼 식으로 하려든다면 되겠습니까? 이런 시대 상황에서 불교 수행은 부처님 뜻에 따라 매뉴얼에 매이지 않는 것이 더더욱 중요합니다.

도道라는 것은 길입니다. 길은 가라고 있는 것입니다. 그 길을 한 걸음 한 걸음 걸어가라고. 바른길을 따라 제대로 가야 목적지에 도착합니다. 그러지 않으면 목적지에 가지 못합니다. 다시 말해 결국 산냐가 만들어내는 '술術'을 벗어나 빤냐가 안내해주는 '길[道]'에 들어서야 한다는 말입니다. 팔정도가 그 길, 그 도입니다. 도는 만인에게 언제나 타당하게 적용되는 것이고, 술은 개별적 특수 상황에 따라 달라지는 것입니다. 술은 요즈음 널리 쓰이는 내비게이션처럼 사람을 의존적이 되도록 만듭니다. 내비게이션이 없으면 자동차도 운전하지 못하게 됩니다. 그에 반해 도는 법을 따르므로 법에 의존하는 것 같이 보이지만 실제로 법에 의존하게 되면 지혜가 증장하므로 오히려 의타심을 없애게 됩니다. 그것이 술과 도의 차이입니다. 도는 진리입니다. 부처님이 그 도를 팔정도 가르침으로 잘 정리해서 인류에게 주셨기 때문에 천인사天人師이십니다.

팔정도 공부를 할 때 처음에는 첫 항목인 바른 견해도 산냐에 의해서 갖게 됩니다. 또 산냐에 의해서 의도적 생각도 합니다. 산냐에 의해서 옳고 그른 것을 구분하여 옳은 쪽으로 가려고 애를 씁니다. 누구나 처음에는 별수 없습니다. 그러다가 어느 정도 공부가 되면, 자연스럽게 도를 향하는 마음이 생깁니다. 도를 향하게 되면 술이니 테크닉이니 하는 것은 귀찮고 보잘것

없어서 싫어하는 마음이 저절로 우러나오지요. 수행은 억지로 하지 않는 것이 가장 바람직합니다. 굳이 작정하고 좌복에 앉아 명상하려 애쓰는 건 아직 산냐 단계입니다. 그렇지만 계속 앉다 보면 자연스럽게 앉게 되고 편안하게 됩니다.

어떻게 앉을까요? 허리를 펴고 똑바른 자세로 앉는 것이 제일 편안합니다. 결가부좌하고 턱 앉으면 마음도 편안하고 몸도 편안하고 기분이 좋습니다. 처음에는 결가부좌하면 괴롭지요. 그건 그동안 그런 자세를 해보지 않아서 그럴 뿐입니다. 자주 앉다 보면 몸도 마음도 편안하게 됩니다. 그 편안함을 누리게 되면 앉지 말라고 해도 앉게 됩니다.

바른 자세로 앉아 호흡을 관하면서 신념처에 마음

챙김 하는 겁니다. 마음이 안으로 방향을 딱 잡으면, 그다음 수념처-심념처-법념처로 자연스럽게 물 흐르듯이 그 방향으로 나아가게 되는 겁니다. 이렇게 하는 것은 테크닉이 아니기 때문에 무리가 없고 억지 노력도 필요 없습니다. 그저 해야 할 일은 양심을 속이지 않고 정직하게 마음챙김 하는 것입니다. 우리는 '낡은 습관을 벗어나기는 해야 할 텐데'라고 막연히 생각만 하다가 실제로 낡은 습관의 폐단을 본다든지 새 습관의 장점을 보게 될 때가 있는데, 그때는 양심에 따라 실행에 옮겨야만 합니다. 버려야 할 것에 대해 집착하고 있다는 사실을 스스로 아는 양심이 중요합니다.

보통 별것도 아닌 낡은 것에 집착하는 대단히 보수적인 존재가 인간입니다. 인간은 어처구니없게도 낡은 것을 못 버립니다. 그러면서 온갖 핑계를 갖다 대는데,

그 핑계는 부정직한 겁니다. 변명을 하지 않을 만큼 양심적으로 되라는 말입니다. 수행할 때 오로지 정직해야 할 뿐 다른 건 없습니다. 양심에 따라 정직하게 수행을 하면 편안하고 자연스럽게 됩니다. 수행의 관건은 정직성입니다. 그렇게 팔정도의 길을 걷게 되면 마침내 상, 산냐를 벗어날 수 있습니다. 팔정도가 얼마나 자연스러운 흐름인가는 마지막 항목인 바른 집중[正定]에서 드러납니다. 바른 집중이란 사선四禪을 말하는데, 초선에서는 계戒가 완성되고, 제2선에서는 정定이 심화되고, 제3선에서는 혜慧가 열리고 그리고 제4선은 해탈의 진전으로서 열반으로 나아가는 단계입니다. 이처럼 팔정도는 결국 습관적 상, 산냐를 검토하고 반성하여 그것에서 벗어나는 길을 모색[尋]하고 숙고[伺]함으로써 초선, 제2선을 경유하여 제3선에서는 지혜의 씨앗을 틔우고 그 결과 제4선에 이르러 혜해탈의 길을 걷게 되는 숙성熟成 과정을 준비해 주는 것입니다.

여러분, 우리 모두 부처님 가르침에 따라 산냐와 윈냐아나를 벗어나 빤냐에 들어 구극의 지혜인 안냐에까지 성숙해 나아가야 하겠지요. 기필코 산냐 놀음에서 벗어나 빤냐로 향상해 나아가십시다. 금생에 부처님 법 만난 인연을 중히 여기고 향상의 길을 갈 수 있도록 이 소중한 기회를 놓치지 맙시다. ✾

──── 말한이 **활성** 스님

1938년 출생. 1975년 통도사 경봉 스님 문하에 출가.
통도사 극락암 아란야, 해인사, 봉암사, 태백산 동암, 축서사 등지에서
수행정진. 현재 지리산 토굴에서 정진 중. 〈고요한소리〉 회주

──── 엮은이 **김용호** 박사

1957년 출생. 전 성공회대학교 문화대학원 교수 (문화비평, 문화철학).
〈고요한소리〉 이사

───── 〈고요한소리〉는

- 붓다의 불교, 붓다 당신의 불교를 발굴, 궁구, 실천, 선양하는 것을 목적으로 설립되었습니다.

- 〈고요한소리〉 회주 활성스님의 법문을 '소리' 문고로 엮어 발행하고 있습니다.

- 1987년 창립 이래 스리랑카의 불자출판협회BPS에서 간행한 훌륭한 불서 및 논문들을 국내에 번역 소개하고 있습니다.

- 이 작은 책자는 근본불교를 중심으로 불교철학·심리학·수행법 등 실생활과 연관된 다양한 분야의 문제를 다루는 연간물連刊物입니다. 이 책들은 실천불교의 진수로서, 불법을 가깝게 하려는 분이나 좀 더 깊이 수행해보고자 하는 분에게 많은 도움이 될 것입니다.

- 이 책의 출판 비용은 뜻을 같이하는 회원들이 보내주시는 회비로 충당되며, 판매 비용은 전액 빠알리 경전의 역경과 그 준비 사업을 위한 기금으로 적립됩니다. 출판 비용과 기금 조성에 도움 주신 회원님들께 감사드리며 〈고요한소리〉 모임에 새로이 동참하실 회원을 기다리고 있습니다.

- 〈고요한소리〉 책은 고요한소리 유튜브(https://www.youtube.com/c/고요한소리)와 리디북스RIDIBOOKS를 통해 들으실 수 있습니다.

- 카카오톡 채널(https://pf.kakao.com/_XIvCK)을 친구 등록 하시면 고요한편지 등 〈고요한소리〉의 다양한 소식을 받으실 수 있습니다.

◦ 〈고요한소리〉 홈페이지 안내

  − 한글 : http://www.calmvoice.org/

  − 영문 : http://www.calmvoice.org/eng/

◦ 〈고요한소리〉 회원으로 가입하시려면 이름, 전화번호, 우편물 받을 주소, e-mail 주소를 〈고요한소리〉 서울 사무실에 알려주십시오.
  (전화: 02-739-6328, 02-725-3408)

◦ 회원에게는 〈고요한소리〉에서 출간하는 도서를 보내드리고, 법회나 모임·행사 등 활동 소식을 전해드립니다.

◦ 회비, 후원금, 책값 등을 보내실 계좌는 아래와 같습니다.

국민은행	006-01-0689-346
우리은행	004-007718-01-001
농협	032-01-175056
우체국	010579-01-002831
예금주	**(사)고요한소리**

마음을 맑게 하는 〈고요한소리〉 도서

금구의 말씀 시리즈

하나	염신경念身經
둘	초전법륜경初轉法輪經
	초전법륜경初轉法輪經 (확대본)
	초전법륜경初轉法輪經 (독송본)

소리 시리즈

하나	지식과 지혜
둘	소리 빗질, 마음 빗질
셋	불교의 시작과 끝, 사성제 – 四聖諦의 짜임새
넷	지금·여기 챙기기
다섯	연기법으로 짓는 복 농사
여섯	참선과 중도
일곱	참선과 팔정도
여덟	중도, 이 시대의 길
아홉	오계와 팔정도
열	과학과 불법의 융합
열하나	부처님 생애 이야기
열둘	진·선·미와 탐·진·치

보리수잎 시리즈

붓다의 고귀한 길 따라 시리즈

단행본

소리·스물넷

산냐[想]에서 빤냐般若로

\- 범부의 세계에서 지혜의 세계로 -

초판 1쇄 발행 2021년 5월 13일
초판 3쇄 발행 2024년 11월 30일

말한이	활성
엮은이	김용호
펴낸이	하주락·변영섭
펴낸곳	(사)고요한소리

등록번호	제1-879호 1989. 2. 18.
주소	서울시 종로구 인사동길 47-5 (우 03145)
연락처	전화 02-739-6328 팩스 02-723-9804
	부산지부 051-513-6650 대구지부 053-755-6035
	대전지부 042-488-1689 광주지부 02-725-3408
홈페이지	www.calmvoice.org
이메일	calmvs@hanmail.net
ISBN	979-11-91224-03-0

값 1,000원